I0839601

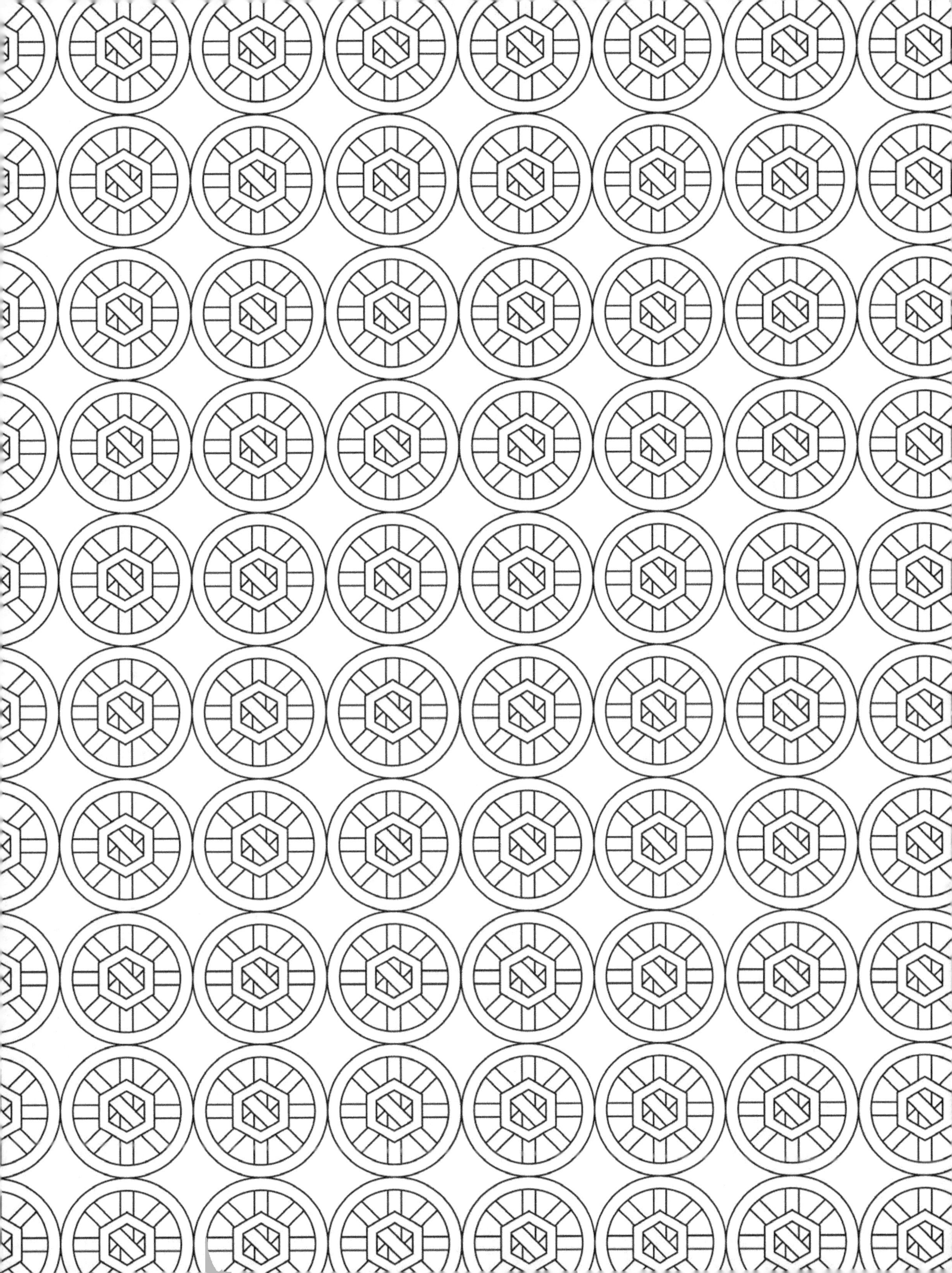

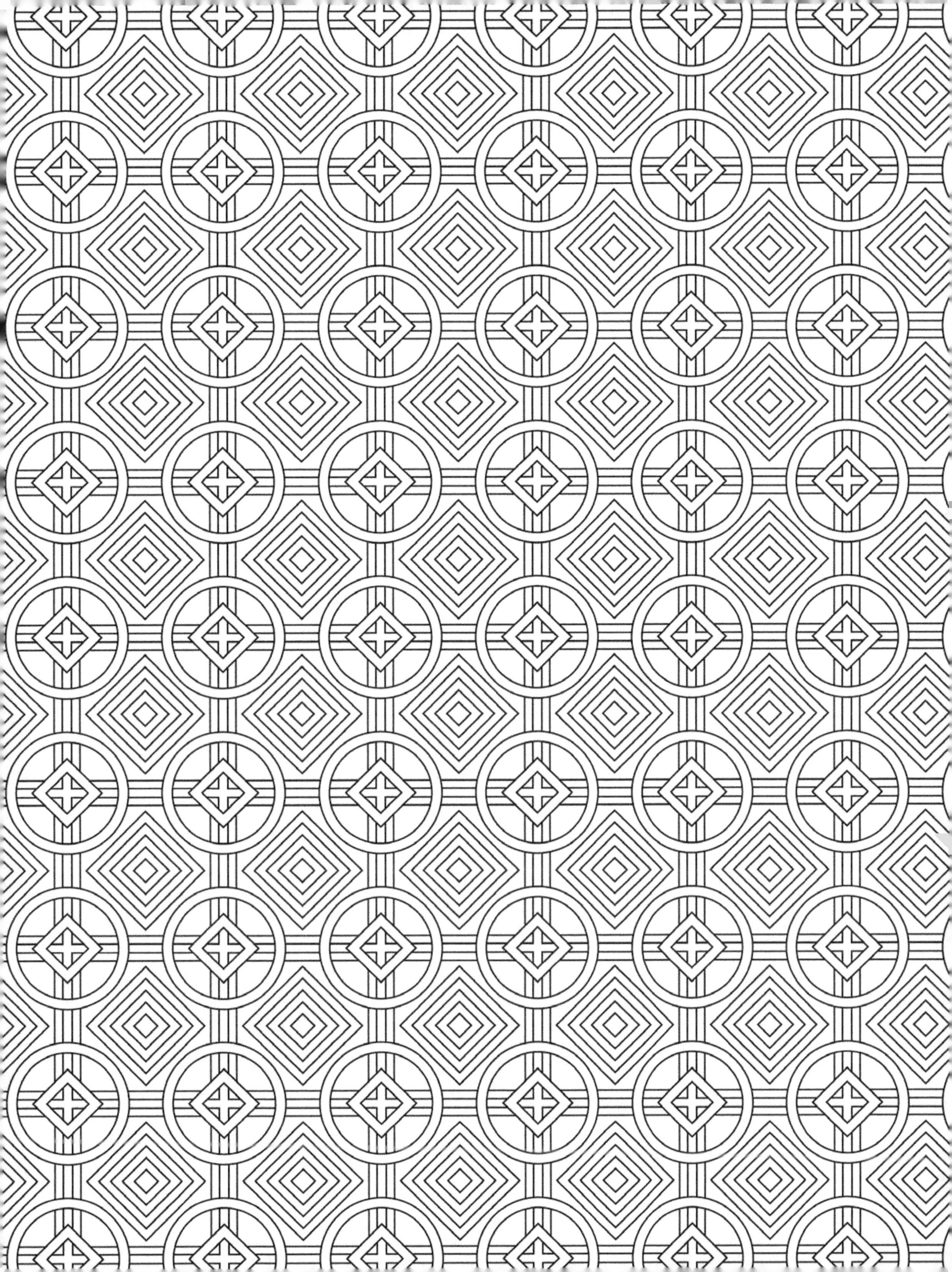

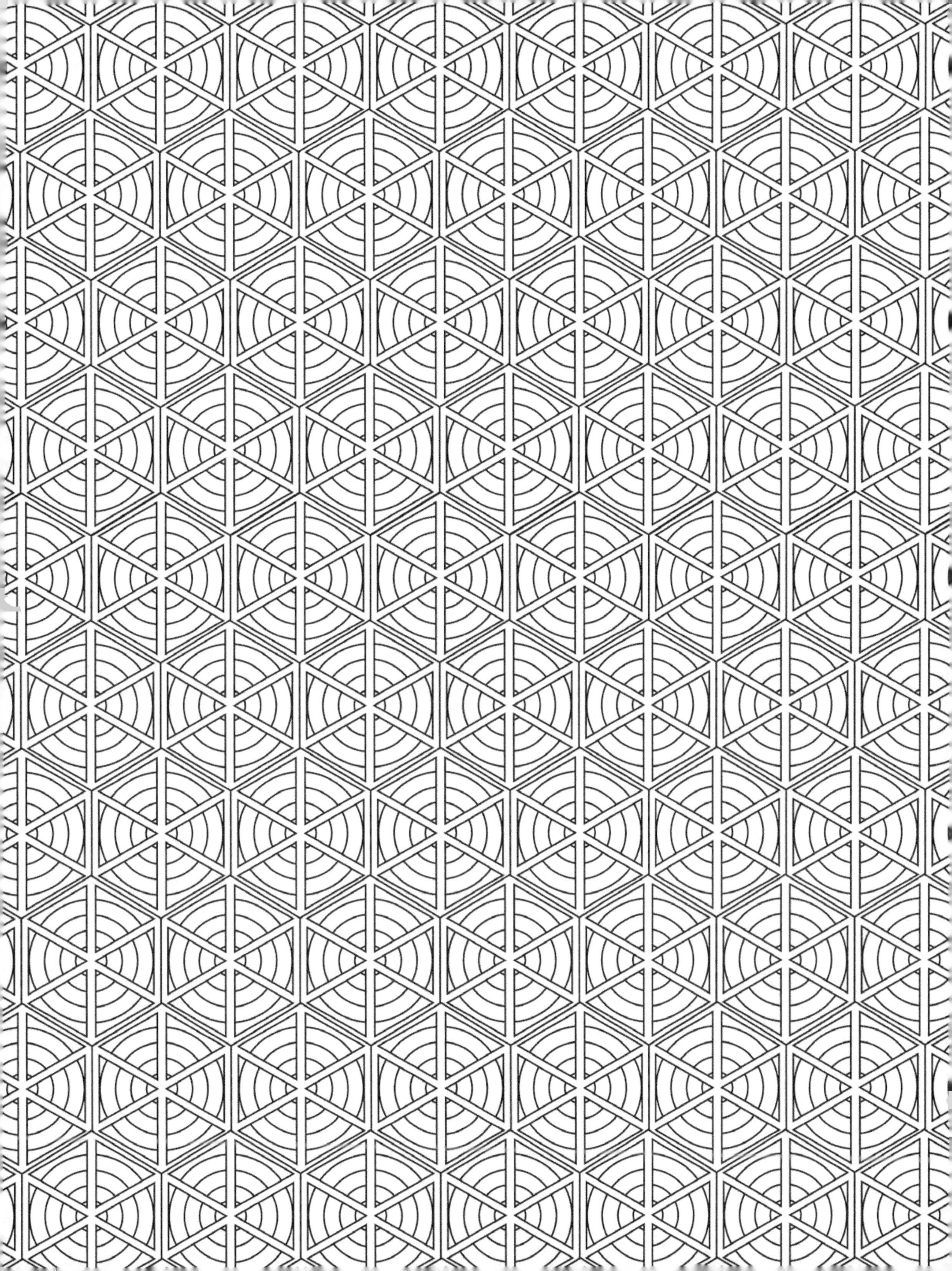

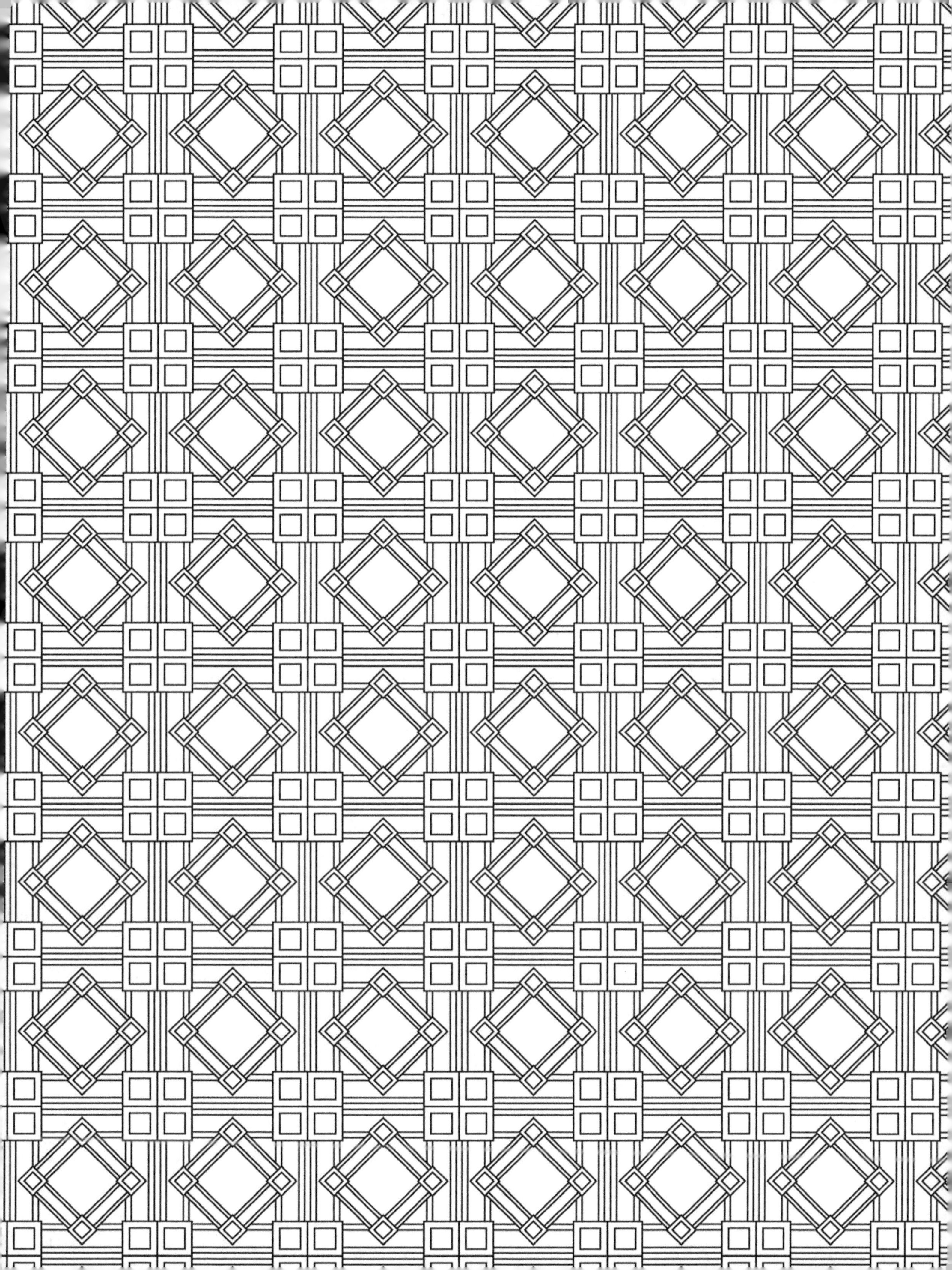

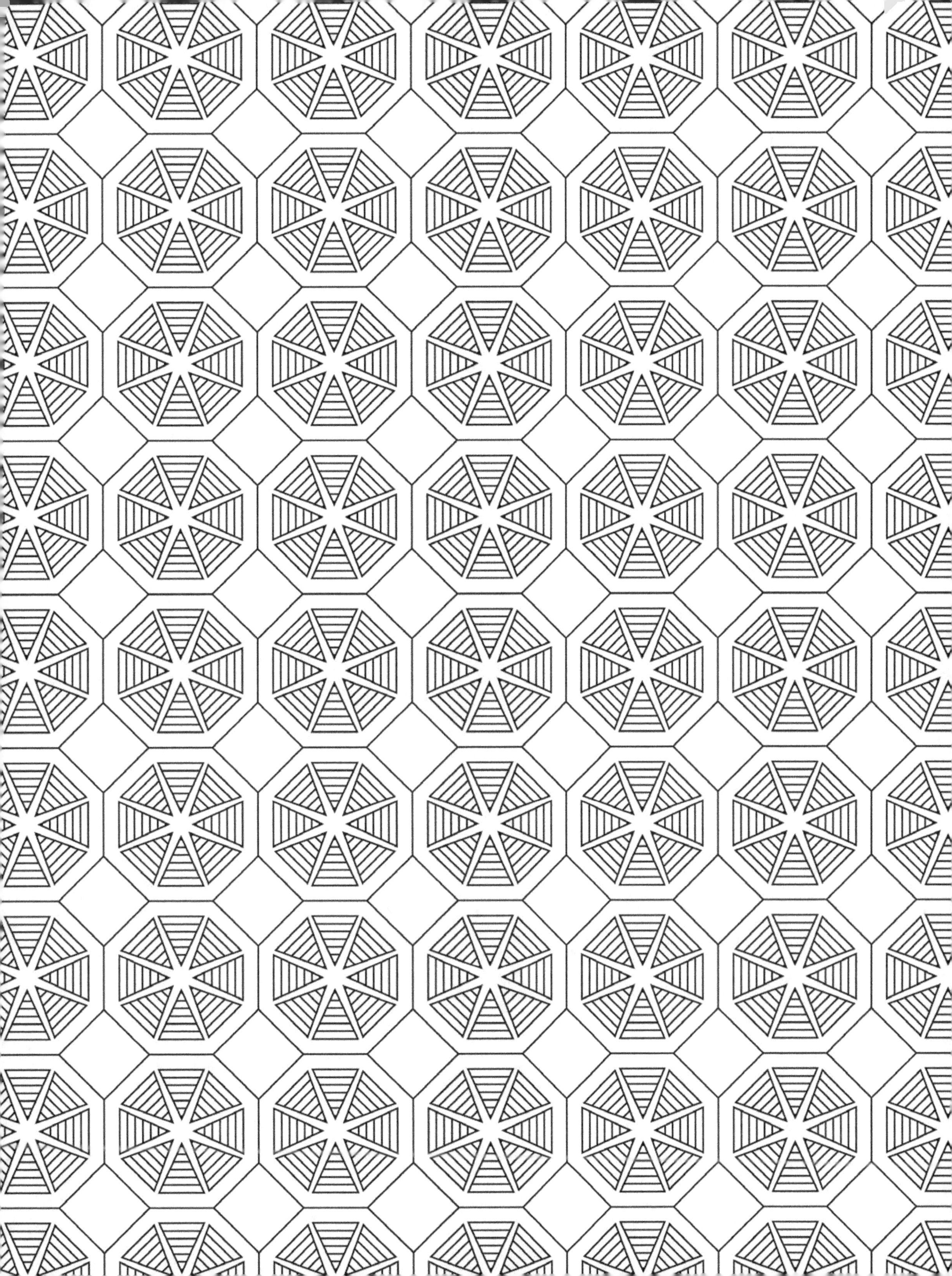

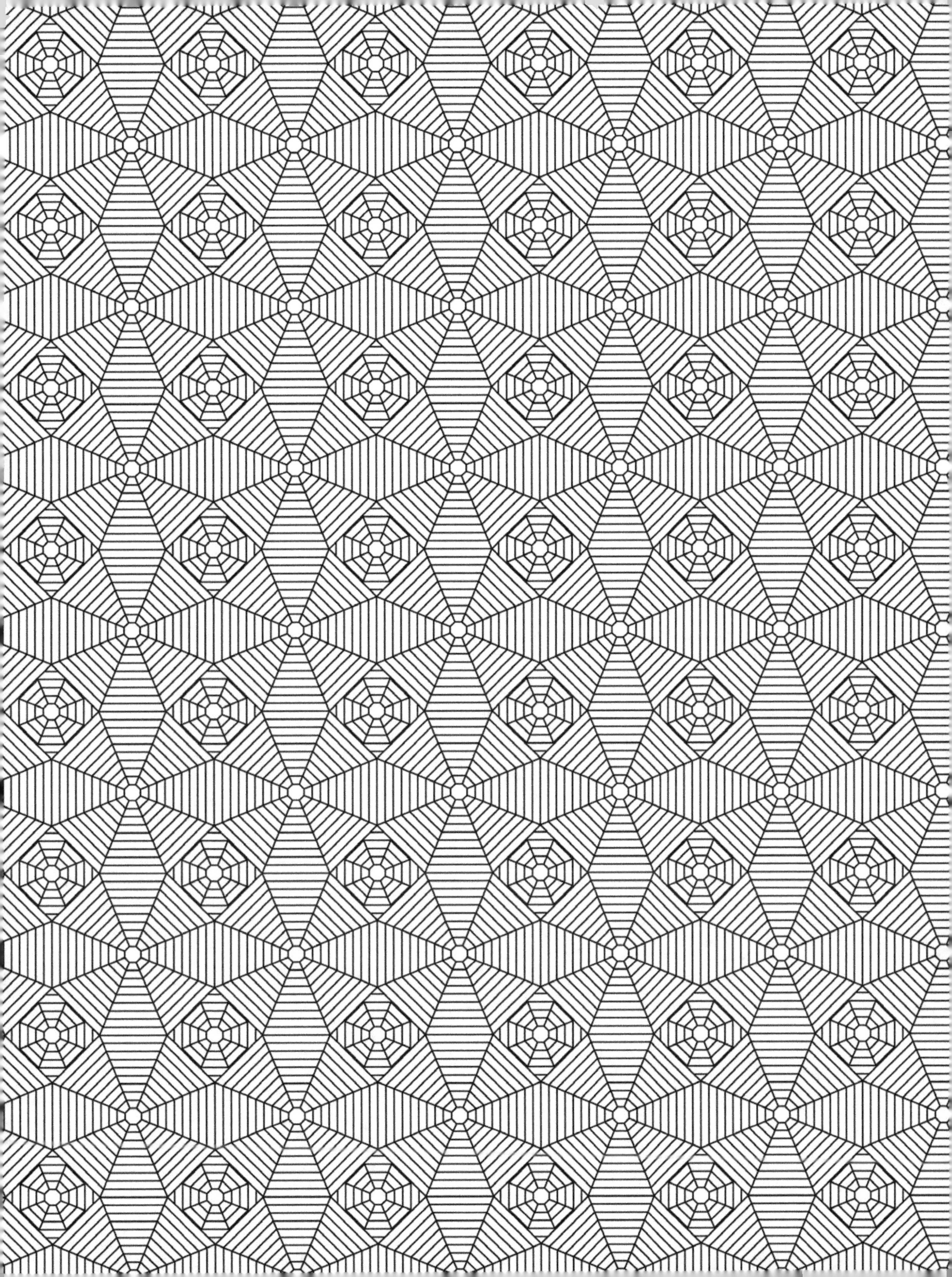

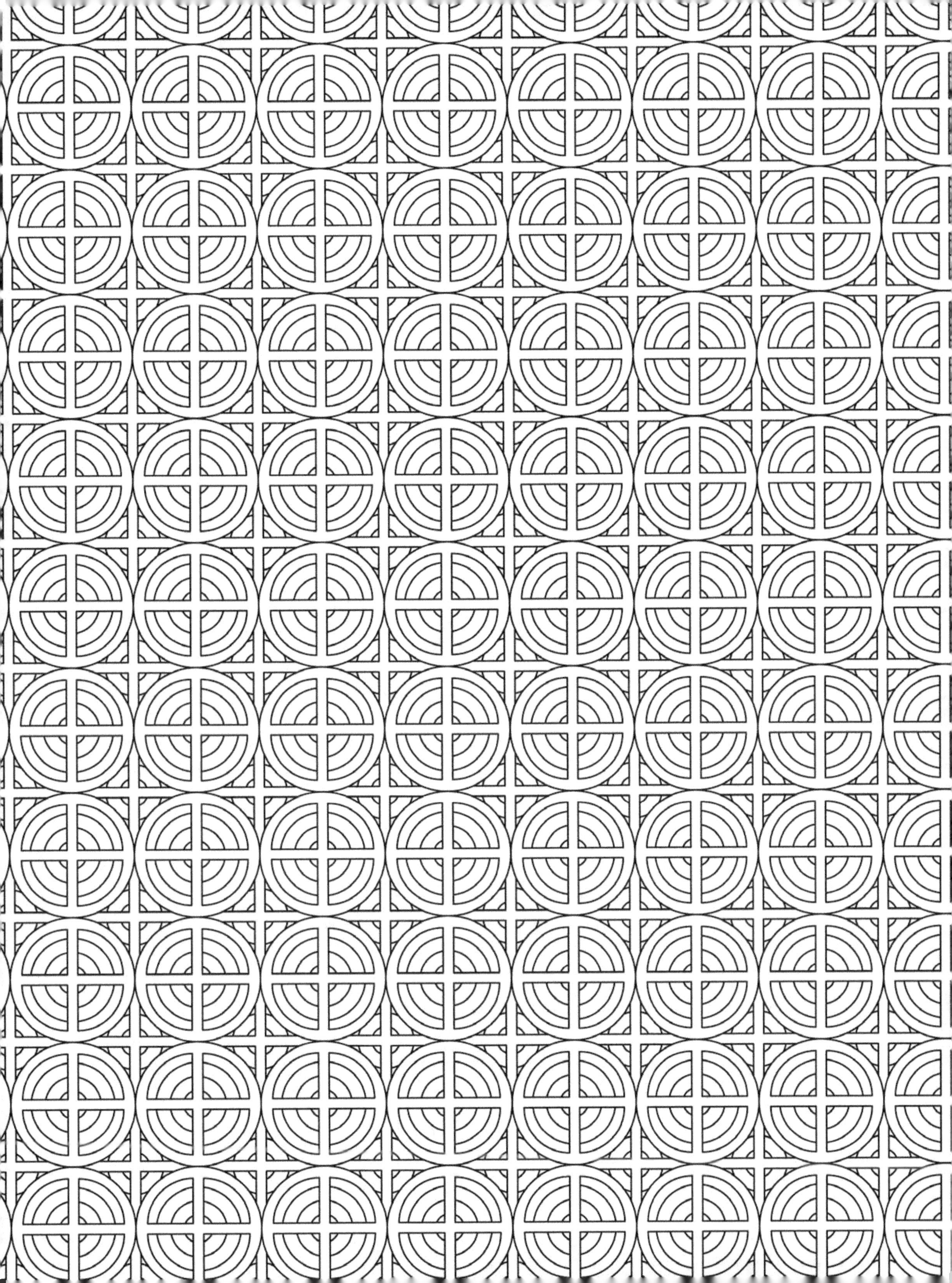

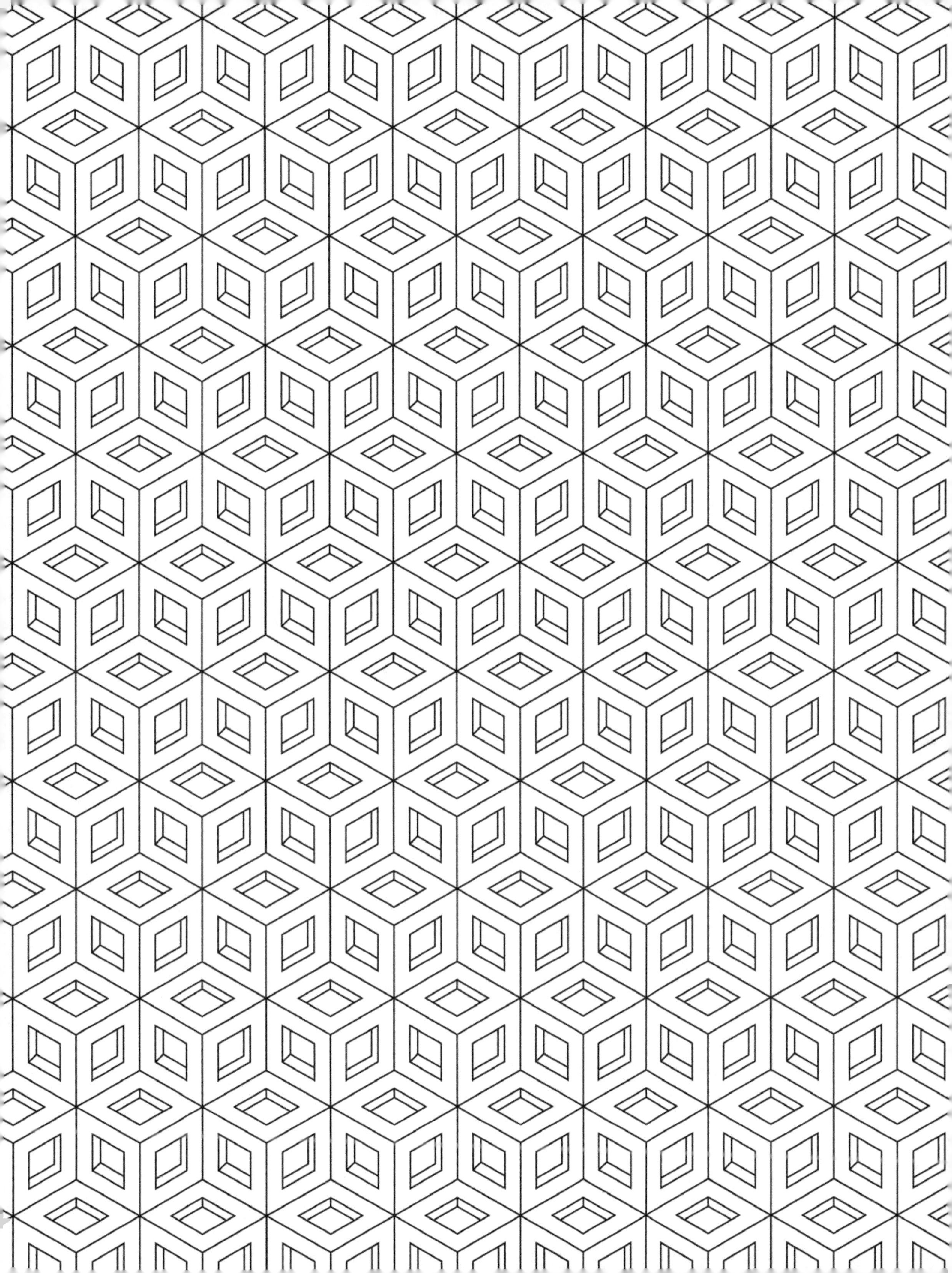

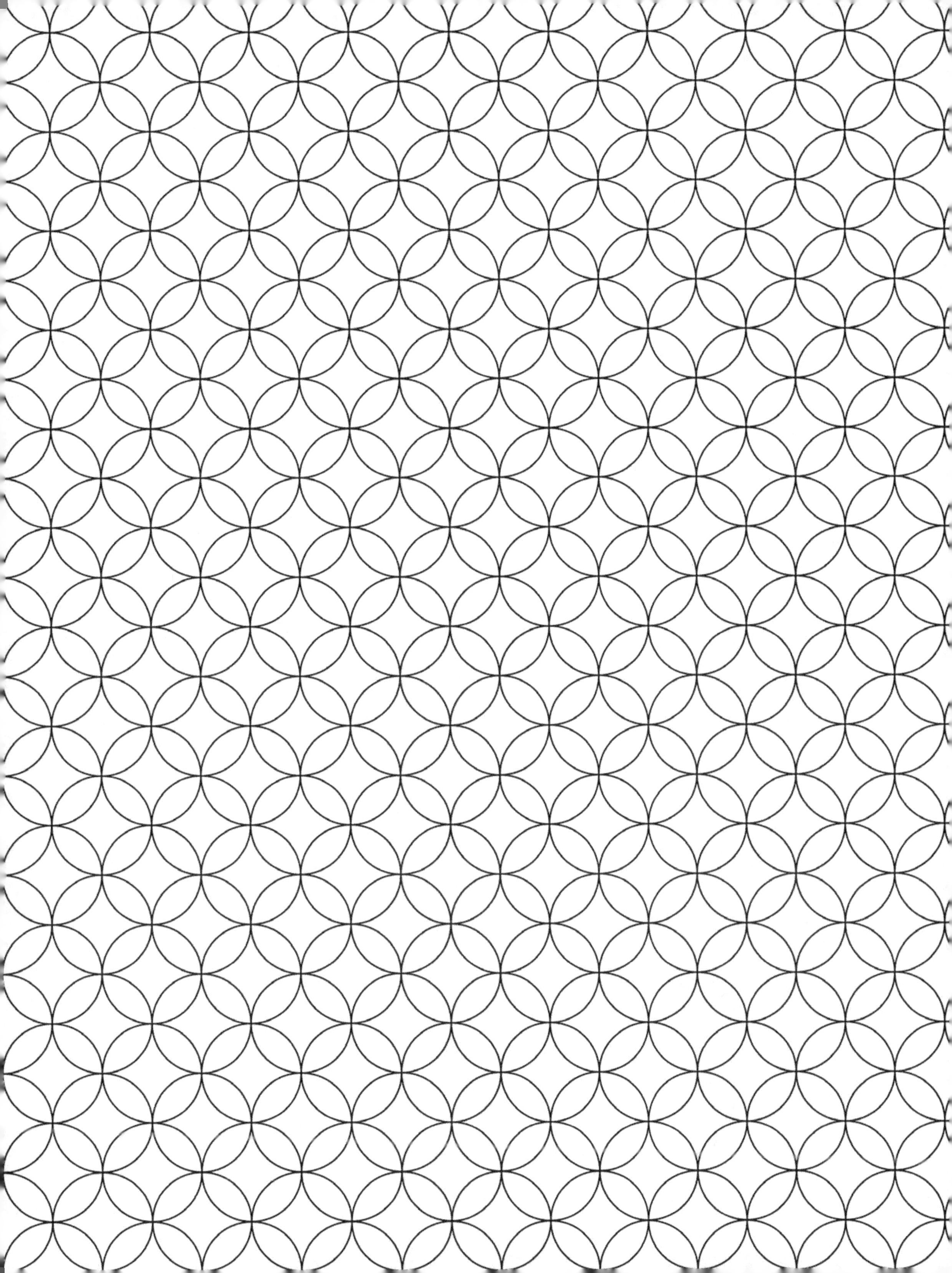

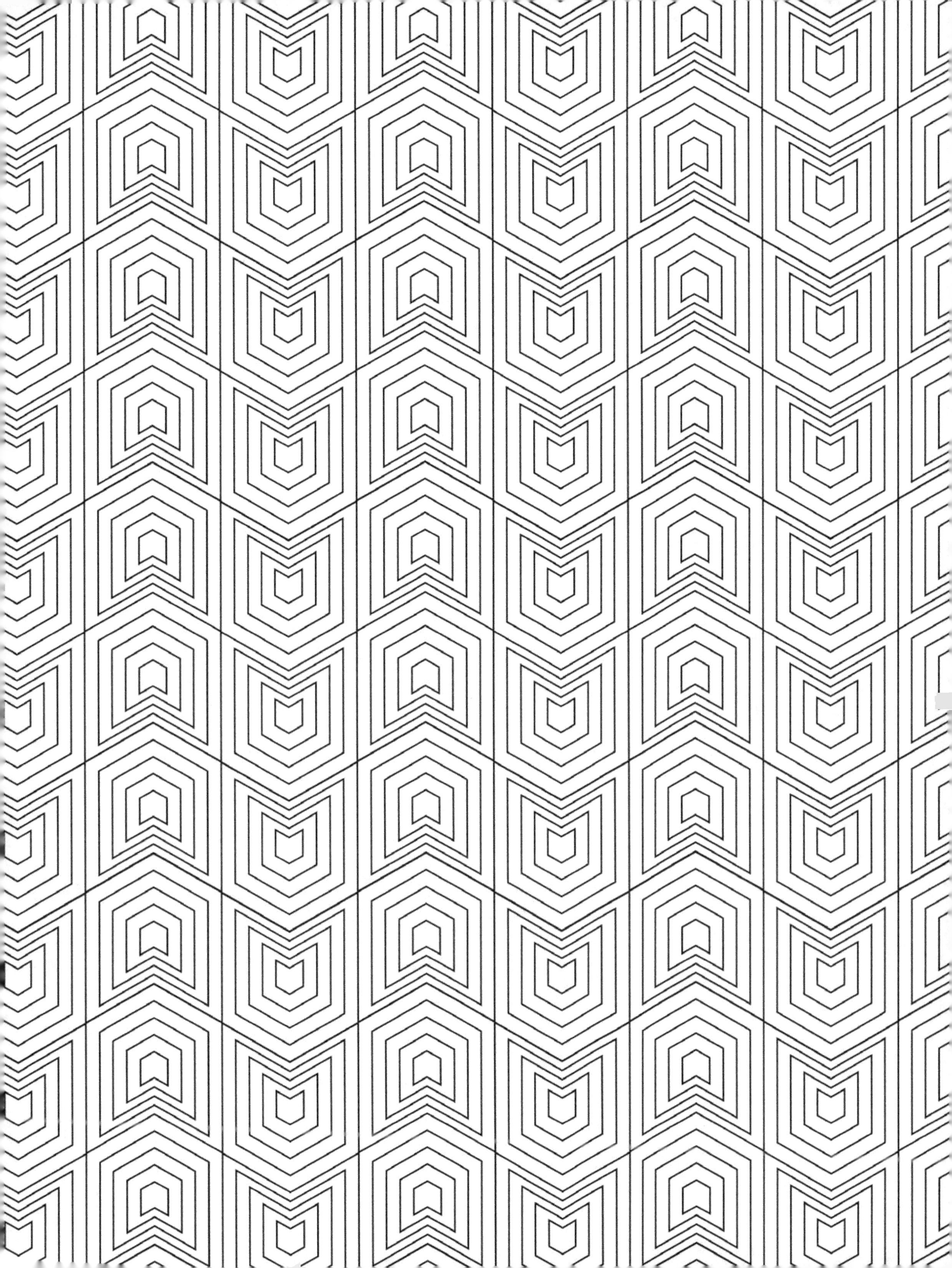

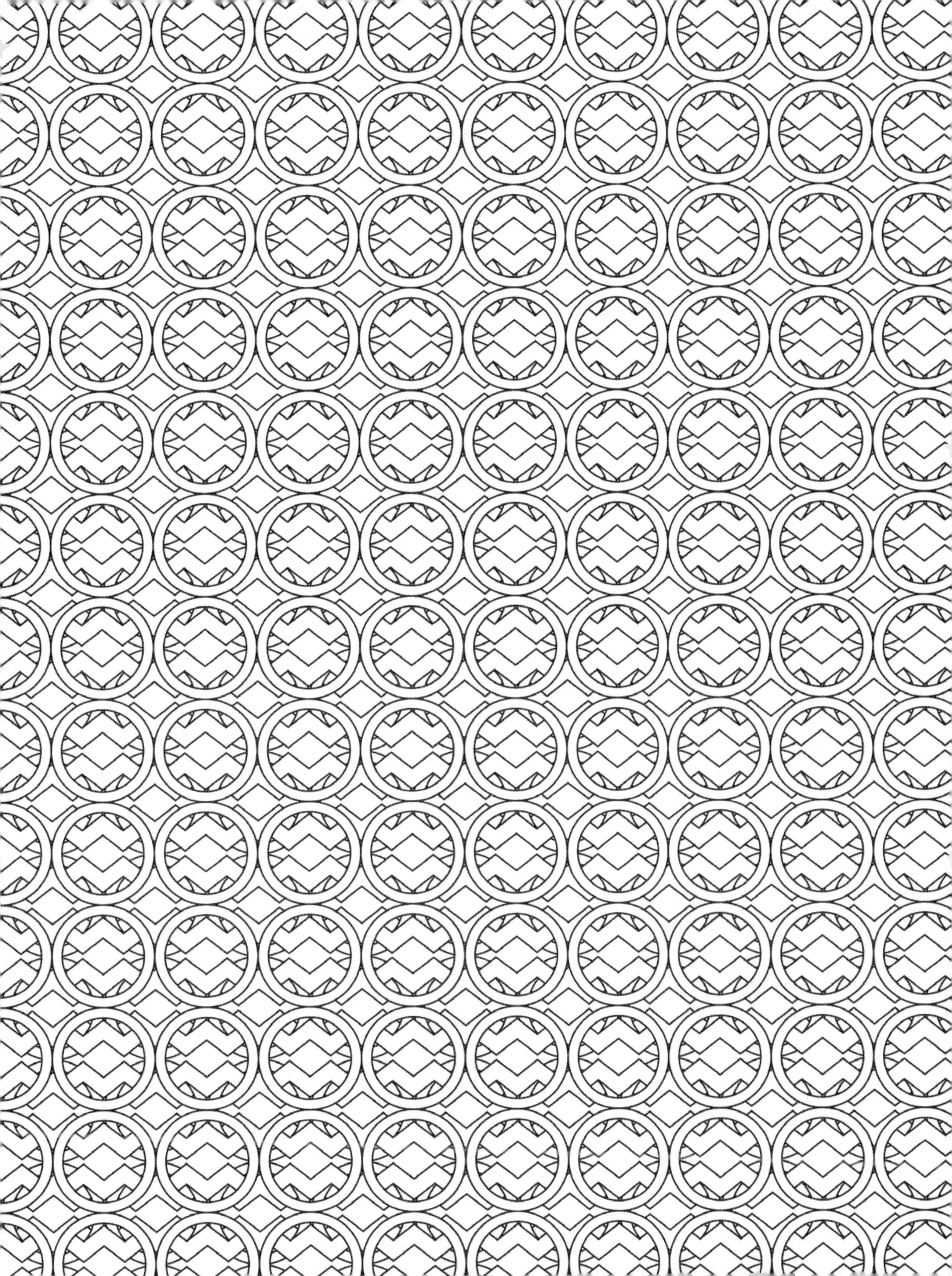

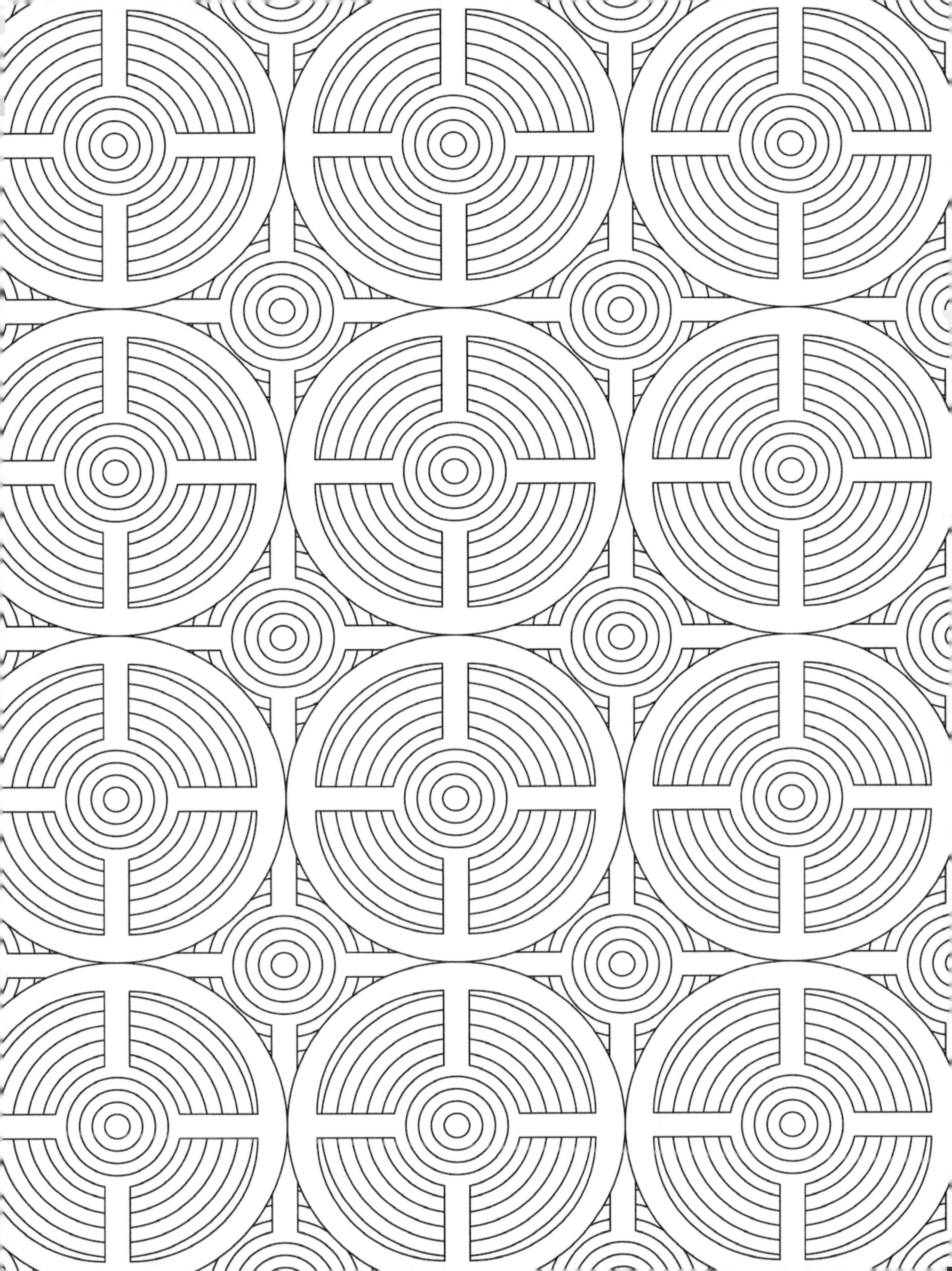

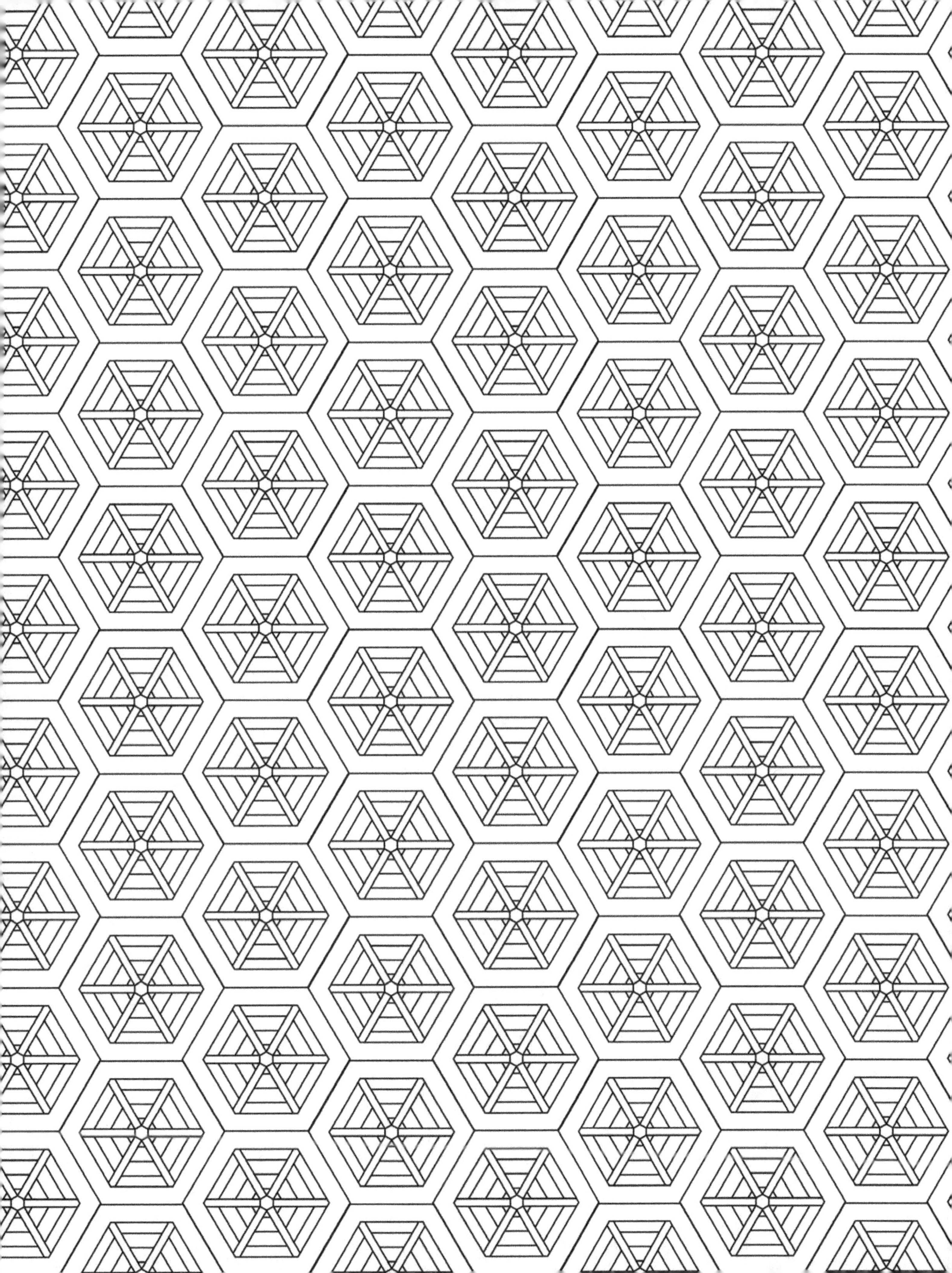

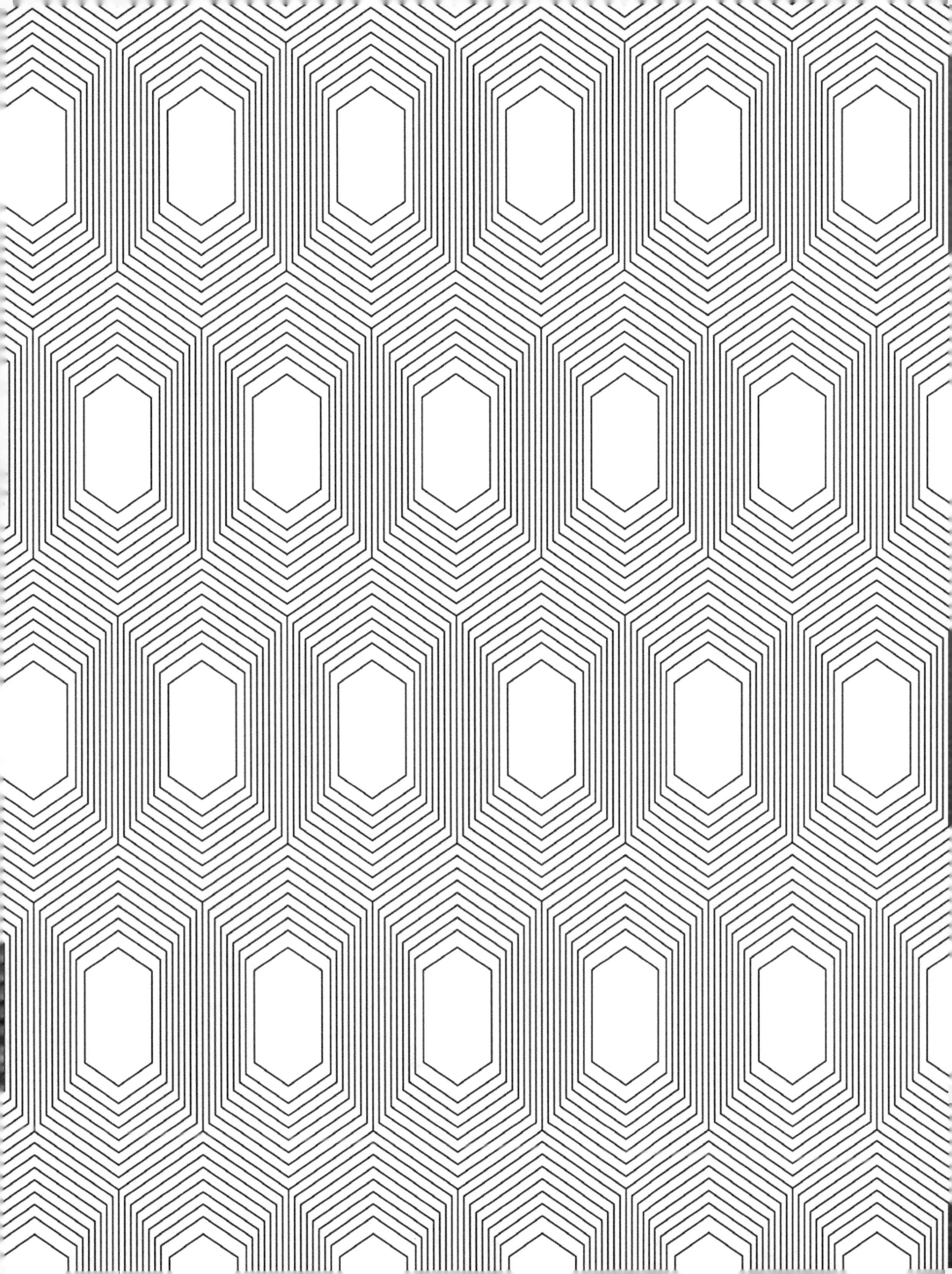

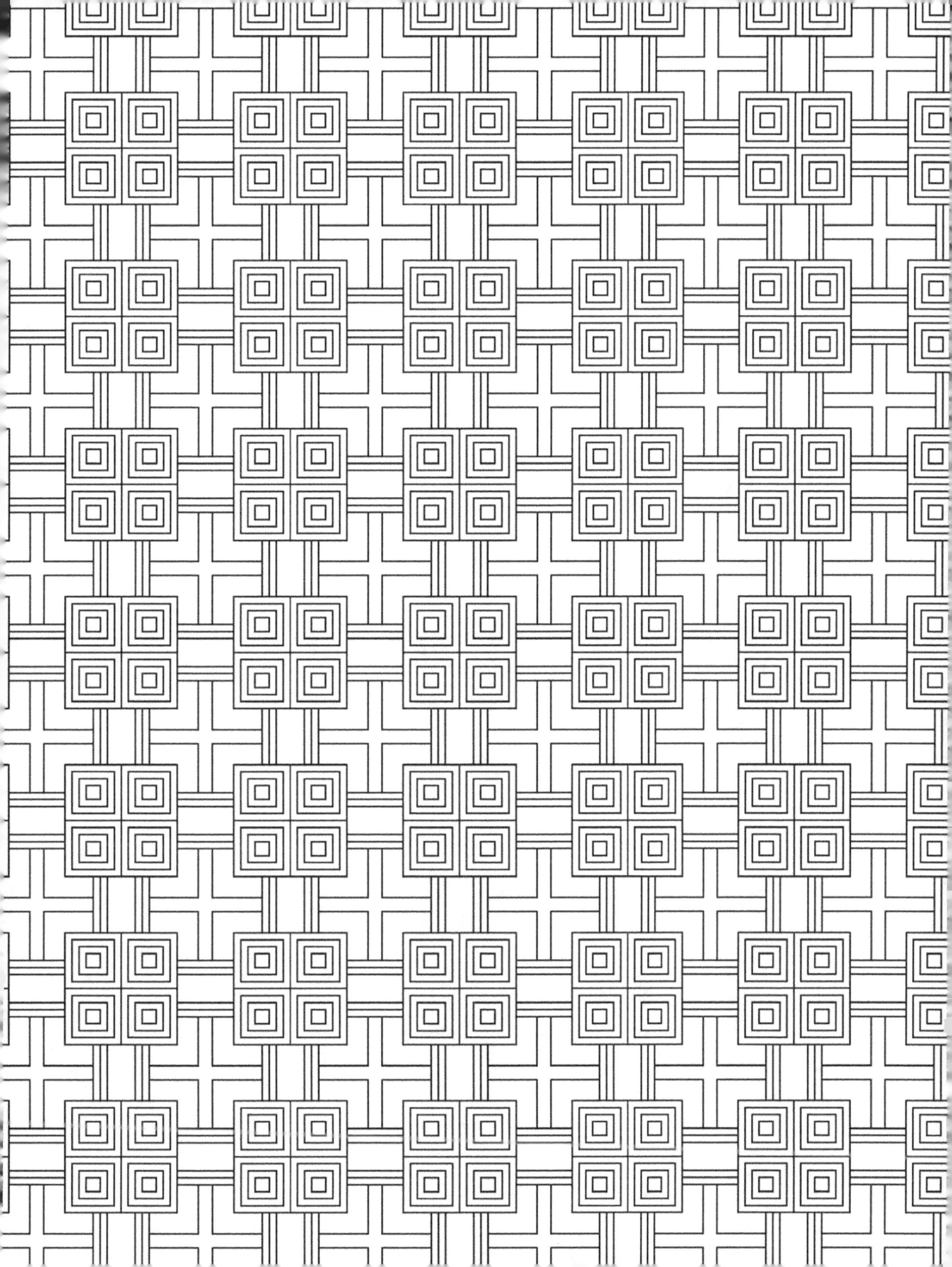

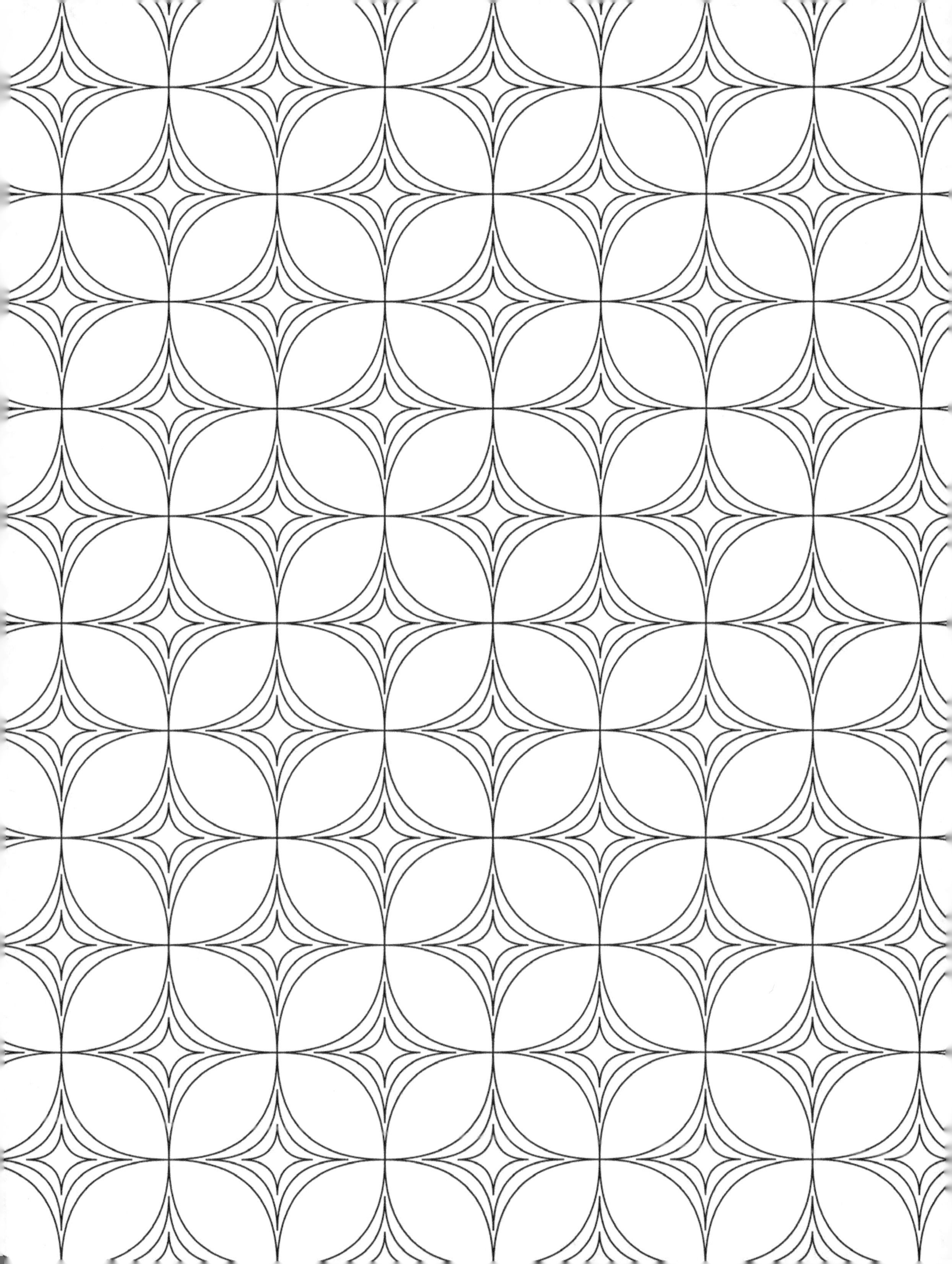

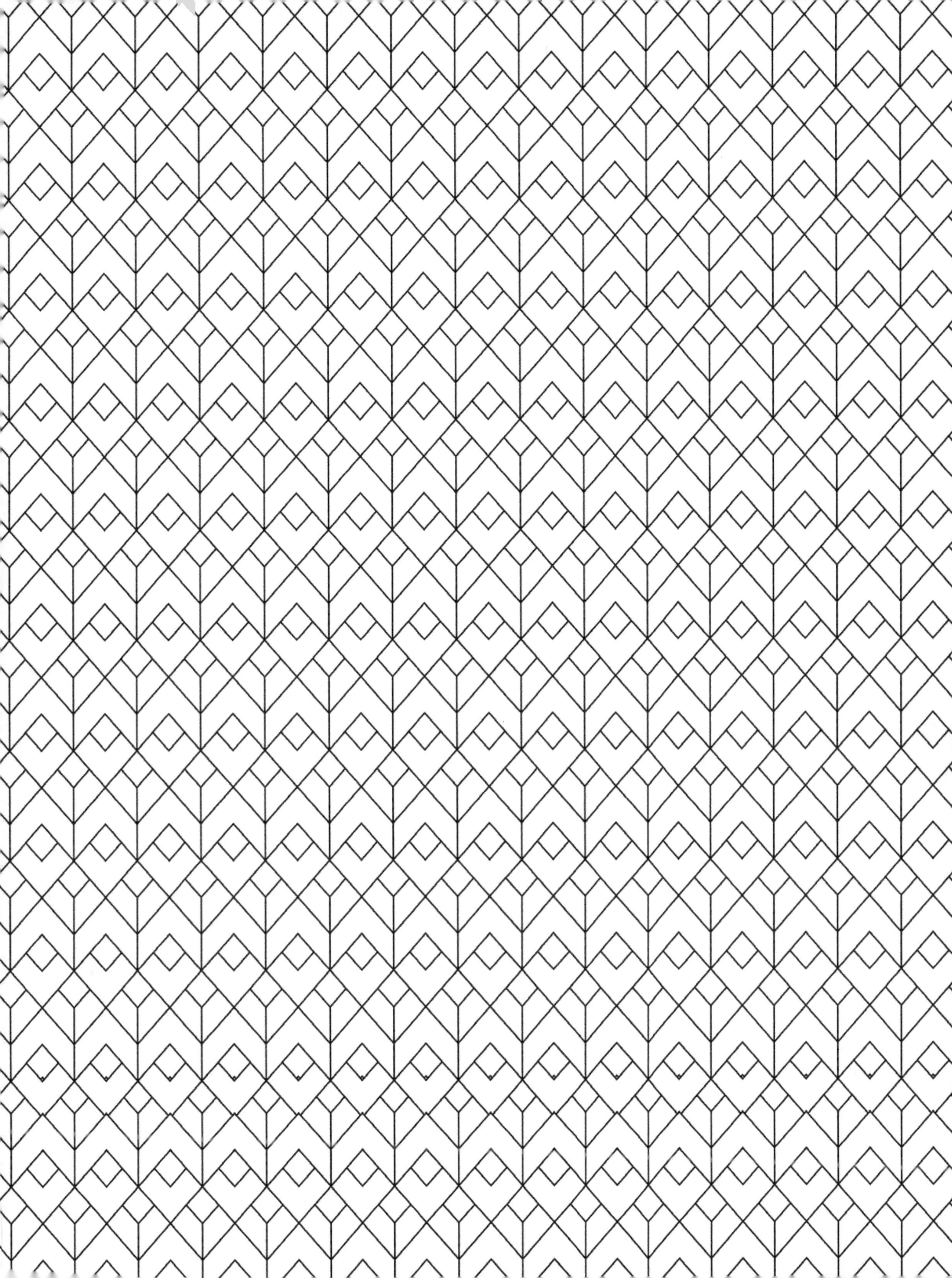

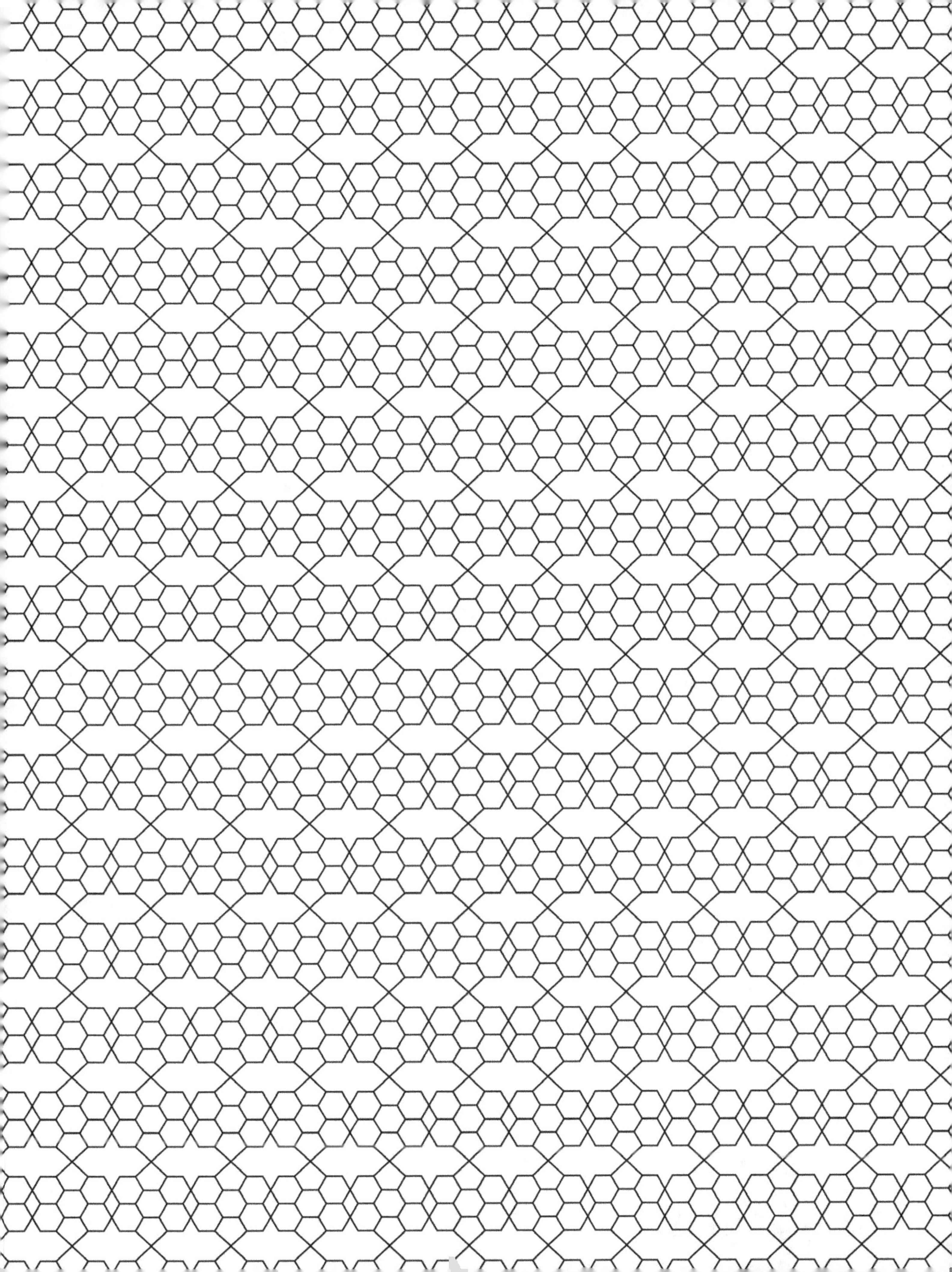